Daniela Kuck

Ist Gruppenarbeit wirklich sinnvoll?

GRIN Verlag

Impressum:

Copyright © 2012 GRIN Verlag GmbH
Druck und Bindung: Books on Demand GmbH, Norderstedt Germany
ISBN: 978-3-656-62147-8

Dieses Buch bei GRIN:

http://www.grin.com/de/e-book/270663/ist-gruppenarbeit-wirklich-sinnvoll

UNIVERSITÄT AUGSBURG
PHILOSOPHISCH-SOZIALWISSENSCHAFTLICHE FAKULTÄT
Lehrstuhls für Pädagogik mit Berücksichtigung der Erwachsenenbildung und außerschulischen Jugendbildung

Sommersemester 2012

Seminar
Kreativität gibt es nur im Plural?!

Ist Gruppenarbeit wirklich sinnvoll?

Verfasser
Daniela Kuck

Abgabe
30.September 2012

Kuck, Daniela
B.A. Erziehungswissenschaft, 4. Semester

INHALTSVERZEICHNIS   **Seite**

1 Einleitung

Jeder kennt es, manche lieben es, manche hassen es - Gruppenarbeit. Man sitzt mehr oder weniger aufmerksam in einem Seminar und auf einmal werden alle unruhig, Gruppenarbeit ist angesagt. Auf einmal ist man gezwungen mitzudenken, seine Meinung zu äußern und eigene Vorschläge mit einzubringen.

Man muss vielleicht mit weniger sympathischen Menschen oder sogar gänzlich Unbekannten zusammenarbeiten und meist in kurzer Zeit auf einen gemeinsamen Nenner kommen und ein passable Ergebnis präsentieren. Doch bringt die Arbeit in Gruppen wirklich die besseren Ergebnisse hervor? Dis soll im Folgenden zu klären versucht werden.

2. Was sind eigentlich Gruppen und wie funktionieren sie?

Wenn von Gruppen die Rede ist, hat eigentlich jeder sofort eine Vorstellung davon, was eine Gruppe ist. Man kann also davon ausgehen, dass jeder mit dem Begriff Gruppe das Gleiche bezeichnet. Somit ist bei Gesprächen über Gruppen und Gruppendynamik Vorsicht geboten. Ich persönlich denke bei einer Gruppe an eine Ansammlung von mehr als einem Menschen. Diese Menschen müssen nicht undbedingt miteinander kommunizieren oder überhaupt irgendetwas miteinander zu tun haben. Menschen, die zum Beispiel an einer Ampel stehen, sind eine Gruppe, obwohl sie nichts miteinander zu tun haben. Doch auch Menschen in einer Arbeitsgruppe oder einem Team sind eine Gruppe, obwohl sie wohl das Gegenteil der Ampelgruppe darstellen, denn sie müssen täglich und regelmäßig kommunizieren und miteinander klarkommen.

Natürlich ist eine Gruppe auch immer abhängig von ihrer Umwelt. Hierbei lassen sich innere und äußere Umwelt unterscheiden. Mit innerer Umwelt ist eigentlich die Gruppe selbst gemeint. Hierzu zählen die Gedanken, Gefühle, Ansichten, Wertvorstellungen, Vorurteile Verhaltensweisen und Wahrnehmungen der einzelnen Mitglieder. Hier muss jedoch eine klare Grenze gezogen werden, denn natürlich können niemals alle Interessen, Erfahrungen und Gefühle berücksichtigt und in die Praxis umgesetzt werden, nicht alles kann immer zur Sprache gebracht werden.

Somit kann die Gruppe "[...] als eine Art Schnittmenge aus den psychischen Gegebenheiten der Mitglieder [...]" angesehen werden (Schattenhofer 2009). Zur äußeren Umwelt hingegen zählen alle Institutionen, Menschen, Gegebenheiten und Ereignisse, die nicht Teil der Gruppe sind. Was davon im Endeffekt wirklich von Bedeutung für die Gruppe ist, hängt davon ab, was die Gruppe als wichtige Umwelt empfunden wird. Zur äußeren Umwelt zählt auch der gemeinsame Arbeitsauftrag, also dass Ziel, dass durch die Gruppe erreicht werden soll.

Gruppen kann man auch unter dem Aspekt der Fremd- oder Selbststeuerung betrachten. Bei der Fremdsteuerung wird davon ausgegangen, dass die Gruppe durch äußere Einflüsse, wie zum Beispiel Leistungsdruck durch den Auftraggeber, ihre soziale Ressourcen verliert, um den Einzelnen in der Gruppe zu unterstützen und zu fördern und auch der Zusammenhalt kann verloren gehen (vgl. Schattenhofer 2009).

Bei der Selbststeuerung hingegen geht man von einer Gruppe aus, die von ihrer Umwelt unabhängig agiert und abgeschlossen ist. Jedoch wirkt das Verhalten des Einzelnen immer trotzdem auf andere Mitglieder der Gruppe und auch auf die komplette Gruppe und fällt somit auch wieder auf den Einzelnen zurück. Bei den Perspektiven der Selbst- und Fremdsteuerung muss jedoch festgestellt werden, dass keine von beiden Perspektiven für sich allein stehen kann. Es findet also immer eine gewisses Zusammenspiel statt.

Zusammenfassend kann man also eine Gruppe als ein zielgerichtetes Miteinander mit sachlichen und menschlichen Zielen definieren (vgl. Stahl 2002).

3 Gruppendynamik

Kurz gesagt ist unter Gruppendynamik die "[...] methodische Anwendung gruppen-psychologischer Erkenntnisse [...]" zu verstehen (Wellhöfer 2007). Doch was sind diese gruppenpsychologischen Erkenntnisse?

Damit es überhaupt zur Entwicklung einer Gruppe kommen kann, müssen die Mitglieder die grundlegende Möglichkeit haben eine Beziehung zueinander aufzubauen und miteinander zu kommunizieren. Weiterhin muss es auch möglich sein, dass die Gruppenmitglieder sich auf gemeinsame Ziele, Interessen und Motive für die Gruppenarbeit einigen. Zuletzt muss natürlich auch die Sympathie untereinander stimmen.

Es ist möglich, in der Gruppenentwicklung bestimmte Phasen festzustellen, die jedoch von Gruppe zu Gruppe variieren. Jede Gruppe hat ihr eigenes Tempo und entwickelt sich individuell.

Natürlich beginnt die Gruppenentwicklung mit dem sogenannten "Forming". Hierbei beginnt sich die Gruppe zu bilden, sich gegenseitig zu beschnuppern und abzutasten. Die Mitglieder sind zunächst unsicher haben vielleicht sogar Angst und versuchen die Verhaltensweisen der anderen Mitglieder zu überprüfen. Der Arbeitsauftrag wurde klar erteilt und alle Regeln und Methoden, die angewendet werden sollen sind bekannt. In dieser Phase geht es hauptsächlich um die Integration.

In der zweiten Phase, des "Storming" positionieren sich die Mitglieder der Gruppe. Die Gruppenstruktur wird geklärt, Auflehnung gegen den Gruppenführer entsteht. Machtkämpfe müssen zu klären versucht werden, da sonst die Produktivität der gesamten Gruppe leidet. Die Fähigkeiten der einzelnen Teilnehmer kommen zum Vorschein und können sinnvoll eingesetzt werden. Es kommen erste Konflikte auf, aber gleichzeitig entsteht ein schwaches Zusammengehörigkeitsgefühl. Auch die Aufgabenstellung wird nun kritisiert und angezweifelt und auch die Ziele, die erreicht werden sollen, werden in Frage gestellt. In dieser Phase geht es weniger um Integration, als um Differenzierung.

In der dritten Phasen, dem "Norming", werden Normen gebildet und die Mitglieder der Gruppe beginnen sich gegenseitig zu unterstützen. Die Situation ist allgemein angespannter. Der Gruppenzusammenhalt stärkt sich und die Mitglieder fangen an die unterschiedlichen Charaktere der anderen Teilnehmer zu akzeptieren und auch der Teamgeist entwickelt sich positiv. In dieser Phase dominiert die Integration.

In der letzten Phase, dem "Performing", sind die Rollen innerhalb der Gruppenstruktur eher flexibel und funktional. Die Teilnehmer identifizieren sich mit ihrer Gruppe, effektive Arbeit steht an oberster Stelle. Konflikte sind gelöst, die zwischenmenschlichen Beziehungen haben sich eingespielt und die Gruppe kann zielorientiert arbeiten, um zum gewünschten Ergebnis zu gelangen. In dieser Phase überwiegt wieder die Differenzierung.

4 Spezielle Aspekte der Gruppendynamik

4.1 Die Leistungsvorteile der Gruppe

Dass Gruppen einen Leistungsvorteil haben, lässt sich kaum abstreiten. Es können nachweisbar bessere Ergebnisse erzielt werden, als in der Einzelarbeit. Doch dieser Vorteil besteht nur, wenn bestimmte Regeln eingehalten werden. Zuerst sollten die Mitglieder der Gruppe natürlich daran interessiert sein, die Aufgabenstellung gemeinsam zu lösen. Dann sollte sich zunächst jeder alleine mit der Problemlösung beschäftigen und anschließend werden die Ergebnisse ausgewertet und diskutiert. Wichtig dabei ist, dass jede Lösung angehört und akzeptiert wird. Zuletzt wird dann die endgültige Lösung zusammengetragen, mit der alle einverstanden sein müssen.

Beim Zusammentragen der Ergebnisse müsste schnell klarwerden, dass bei der Gruppenarbeit bessere Resultate erzielt werden können als bei der Einzelarbeit. Sollte dies nicht der Fall sein, liegt die Ursache meist in der Dominanz von einem oder mehrerer Mitglieder. Umgekehrt ist es jedoch auch möglich, dass einige Teilnehmer zu schüchtern und zurückhaltend in der Gruppenarbeit sind und somit kein guter Austausch zustande kommt.

Hofstätter unterscheidet zwischen fünf konkreten Leistungsvorteilen der Gruppe. Zuerst der "Typus des Hebens und Tragens". Hierbei werden einfach die Leistungen des Einzelnen addiert, wozu es Kräften und Fähigkeiten kommt, die nur in der Gruppe möglich sind. Beim "Typus des Suchens und Findens" sucht die Gruppe nach der Lösung für ein Problem. Jeder bringt etwas Richtiges mit ein und somit wird die Gruppenlösung besser und zufrieden stellender ausfallen, als die des Einzelnen. Beim "Typus des Bestimmens" kann die Gruppe ein Problem nicht objektiv lösen und einigt sich dann auf eine subjektive Lösung und mit der jedes Mitglied leben kann. Diese Form ist im Alltag am häufigsten zu finden. Beim "Typus des Wettstreits" geht es darum dass jeder, wenn auch unbewusst, in einer Gruppe, also in Konkurrenz zu anderen, stets bestrebt ist eine bessere Leistung zu erbringen. Ein gewisser "emotionaler Gruppenvorteil" besteht darin, dass die Mitglieder sich in der Gruppe sicher fühlen und ein Zusammengehörigkeitsgefühl entwickeln.

4.2 Gefahren und Nachteile der Gruppenarbeit

Wie gesagt kommt der zuvor genannte Leistungsvorteil nicht immer zustande. Im Gegenteil, manchmal ist die Gruppenleistung sogar schlechter, als die des Einzelnen. Meist liegt es an emotionalen Spannungen, nicht vorhandenen Sympathien, Autoritätsdruck oder das Dauerreden eines Teilnehmers (vgl. Wellhöfer 2007). Auch ein gewisser Konformitätsdruck auf die Meinungen der Teilnehmer kann dazu führen, dass sich Meinungen und Vorschläge nicht durchsetzen. Der Konformitätsdruck beeinflusst die Entscheidungen der Gruppe und damit auch den Gruppenvorteil. Der Typus des Suchens wird verhindert und es kommt zu einem Gruppendenken.

Ein weiterer Nachteil der Gruppenarbeit ist, dass größere Gruppen meist deutlich langsamer vorankommen, als Einzelpersonen, die an der gleichen Problemlösung arbeiten. Es muss in der Gruppe einfach viel mehr diskutiert, kritisiert und ausgewertet werden, als in der Einzelarbeit. Weiterhin kann ein unterschiedliches Niveau der einzelnen Gruppenmitglieder zu einer Über- oder Unterforderung und demzufolge Lustlosigkeit an der Gruppenarbeit führen.

Weiterhin können die Konflikte innerhalb der Gruppe so stark werden, dass ein gemeinsames Weiterarbeiten oder ein von allen akzeptierter Lösungsvorschlag nicht möglich ist. Auch kann es zu fehlender Orientierung und Zielbezogenheit kommen, sodass die Problemlösung aus den Augen gerät und die Gruppe sich zu leicht ablenken lässt.

Ein weitere Gefahr kann sein, dass sich einige Mitglieder von der Gruppe tragen lassen und sich gar nicht oder nur wenig beteiligen. Sie verlassen sich darauf, dass die anderen auch ohne sie auf die Lösung des Problems kommen und sie sich dann trotzdem am Erfolg der Gruppe beteiligen können.

4.3 Kooperation und Konflikte in Gruppen

Eine harmonische Gruppenarbeit ist der Wunsch jedes Seminarleiters und auch der Gruppenmitglieder selbst. Bei der Kooperation gilt es, immer das gemeinsame Ziel der Gruppe im Auge zu behalten und auch die Interessen der anderen Mitglieder zu berücksichtigen. Der Begriff Kooperation hat in der Gruppenarbeit eine große Bedeutung, ist jedoch auf Dauer schwierig zu gewährleisten, da Konkurrenz und Wettstreit unterdrückt werden, obwohl dies für die Zielführung oftmals hilfreich sein kann. Ein klassisches Beispiel, wie nah Konflikt und Kooperation zusammenliegen zeigt die Übung "Gefangenen-Dilemma". Hier bestimmt die eigene Entscheidung und der eigene Erfolg auch den des Partners, was eine Entscheidung umso schwieriger macht. Dabei muss immer ein gewisser Grad an Vertrauen vorhanden sein, um die Verhaltensweise des anderen einschätzen zu können. Dieses Vertrauen wird durch bisherige Erfahrungen geprägt, weshalb es oft schwierig ist Vertrauen aufzubauen zwischen Personen, die sich erst kurz kennen, wie es meist bei Gruppenarbeiten der Fall ist.

Auch aufgrund fehlenden Vertrauens können Konflikte entstehen. Beim Gefangenendilemma besteht die Kooperation darin, sich so zu entscheiden, dass für beide Partner das optimalste Ergebnis erzielt wird. Hier muss man dem Partner jedoch das Vertrauen entgegenbringen, dass sich dieser ebenso kooperativ verhält. In der Praxis kann ein "[…] Kompromiss nur gefunden werden, wenn auf beiden Seiten Vertrauen, Kooperationswille und die Bereitschaft auf maximalen Gewinn zu verzichten […]" bei allen Teilnehmern vorhanden ist (Wellhöfer 2007).

Doch in der Praxis führt eine Gruppenarbeit oft zu Konflikten, denn die Gruppenmitglieder sind alle Individuen, mit unterschiedlichen Motiven und Bedürfnissen. "Ein Konflikt entsteht immer, wenn zwei oder mehrere (gleich starke) Motive Ziele anstreben, die nicht miteinander vereinbar sind" (Wellhöfer 2007). Es handelt sich um einen intraindividuellen Konflikt, wenn die unvereinbaren Motive innerhalb einer einzigen Person liegen. Liegen sie zwischen unabhängigen Personen, handelt es sich um einen interindividuellen Konflikt.

Bei spontanen Konflikten gibt es für die Beteiligten eigentlich nur zwei Möglichkeiten: Angriff oder Rückzug. Um einen solchen Konflikt zu deeskalieren, sollte der Konflikt zunächst einmal benannt und realisiert werden, jeder sollte seine Sichtweise und seinen aktuellen Standpunkt äußern dürfen. Eine gemeinsame Definition des Konflikts sollte erstellt werden, danach werden Lösungen und Vorschläge gesammelt. Jedes Gruppenmitglied kann nun die Lösungsvorschläge bewerten und der beliebteste Vorschlag wird auf seine Realisierung hin überprüft. Wenn eine solche Möglich ist, wird diese Lösung angewendet. Klingt also ganz einfach, ist es in der Praxis leider oft nicht, da bei dem Versuch den bestehenden Konflikt zu lösen, neue Konflikte entstehen und es vielleicht nicht zu einer Einigung kommt und die Konflikte somit unlösbar sind. Dann hilft nur noch ein Gruppenwechsel, ein Wechsel des Arbeitsauftrages oder ein eventuelles Eingreifen des Seminarleiters.

4.4 Gruppenleitung

In der Literatur wird die Leitung von der Führung der Gruppe unterschieden. Dies soll zum Ausdruck bringen, dass mit der Führung jedes beliebige Gruppenmitglied beauftragt werden kann, sofern dieses in der Lage dazu ist. Mit der Leitungsfunktion ist jedoch nur die eine Person betraut, die formal für ebendiese Position eingesetzt wurde.

Die Unterscheidung zwischen Gruppenführung und -leitung beruht darauf, dass innerhalb größerer Gruppen informelle Gruppen entstehen. Die formal vorgegebene Struktur soll nur gewährleisten, dass alle Aufgaben und Ziele leistungsorientiert erreicht werden. Bei den informellen Gruppen hingegen spielen die Bedürfnisse und Gefühle der einzelnen Mitglieder eine Rolle. Dieses informelle Zusammenfinden von Personen mit gleichen emotionalen Bedürfnissen entspricht meist nicht den formalen Zuordnungen und somit entstehen informelle Gruppen.

Weiterhin bleibt festzustellen, dass es die perfekte Führungspersönlichkeit nicht gibt. Natürlich gibt es Charaktereigenschaften, die bei überdurchschnittlich vielen Gruppenführern wahrzunehmen sind. So sind typische Führer meist anpassungs-fähig, intelligent, dominant, extrovertiert und konservativ (vgl. Wellhöfer 2007). Doch auch Personen, deren Charakter nicht dem vorher aufgezähltem entspricht, können Führungspersönlichkeiten sein. Denn hier kommt es vor allem auch auf die Ziele der jeweiligen Gruppe an. So muss ein Sportverein anders geführt werden als eine Partei oder ein großer Konzern.

Auch beim Führungsstil gibt es wesentliche Unterschiede. Hier kann die gleiche Unterteilung wie beim Erziehungsstil getroffen werden: der autoritäre Stil, der demokratische Stil und der laissez-faire Stil.

Eine erfolgreiche Gruppenführung ist aber immer auch abhängig vom aktuellen sozialen Kraftfeld. Hierzu zählen die Erwartungen der Mitarbeiter, die Aufgabenstruktur, die Positionsmacht und auch die kulturelle Situation (vgl. Wellhöfer 2007). Jeder Führer muss also mit seinem Führungsverhalten flexibel auf dieses soziale Kraftfeld reagieren können. Er muss beispielweise in einer Minute strenge, klare Anweisungen geben, in der anderen Minute aber einem Mitarbeiter gut zureden und ihn bei einer Krise unterstützen. Eine andere Gruppe wiederum muss er völlig selbstständig arbeiten lassen und auf deren zielorientiertes Arbeiten vertrauen.

Als oberstes Ziel bleibt dabei die Förderung und Unterstützung aller Gruppenmitglieder und eine ständige Weiterentwicklung der Gruppenstruktur und des Führungsstils. Somit kann nicht nur eine maximale Leistungsfähigkeit erreicht werden, sondern auch die Zufriedenheit der Mitarbeiter wird gewährleistet.

5 Schlusswort

Aufgrund der vorangegangenen Betrachtungen lässt sich feststellen, dass Gruppenarbeit nur unter bestimmten Bedingungen sinnvoll ist. Für eine Gruppenarbeit muss genug Zeit vorhanden sein und der Seminarleiter muss sie planerisch und auch organisatorisch sehr gut vorbereiten und auch auf eventuelle Fragen oder Widerstand vorbereitet sein. Es müssen Regeln der Kommunikation und des allgemeinen Umgangs miteinander festgelegt werden. Auch die Aufgaben-stellung und das Ziel der Gruppenarbeit sollten klar formuliert oder schriftlich festgehalten werden und der Gruppenführer und/oder -leiter sollte einen adäquaten Führungsstil an den Tag legen. Der Seminarleiter muss den Gruppenmitglieder auch ein gewisses Vertrauen entgegenbringen, was die Verantwortungsbereitschaft der Einzelnen betrifft.

Sind alle diese Voraussetzungen erfüllt, stehen die Chancen gut, dass eine erfolgreiche Gruppenarbeit inklusive Gruppenvorteil zustande kommt.

6 Literaturverzeichnis

Edding, Cornelia; Schattenhofer, Karl (Hrsg.): (2009): Handbuch Alles über Gruppen. Weinheim: Verlagsgruppe Beltz.

Stahl, Eberhard (2002): Dynamik in Gruppen. Weinheim, Basel, Berlin: Verlagsgruppe Beltz.

Wellhöfer, Peter R. (2007): Gruppendynamik und soziales Lernen. Stuttgart: Lucius & Lucius.

Hofstätter, Peter R. (1986): Gruppendynamik: Kritik der Massenpsychologie. Reinbek bei Hamburg: Rohwolt.

Rechtien, Wolfgang (2007): Angewandte Gruppendynamik - Ein Lehrbuch für Studierende und Praktiker. Weinheim u.a.: Verlagsgruppe Beltz.

Langmaak, Barbara; Braune-Krickau, Michael (2010): Wie die Gruppe laufen lernt. Weinheim u.a.: Verlagsgruppe Beltz.

Klein, Irene (2009): Gruppenleiten ohne Angst: Ein Handbuch für Gruppenleiter. Donauwörth: Auer Verlag.